Li et le
Nouvel An
spectalunaire!

joy ink

PRESS

LI ET LE NOUVEL AN SPECTALUNAIRE!
Brenda Lee; illustrated by Nhi Luong.
Copyright © 2023 by Brenda Lee.

Library and Archives Canada Cataloguing in Publication.
Hardcover ISBN: 978-1-7380217-0-3
Paperback ISBN: 978-1-7380217-1-0
Ebook ISBN: 978-1-7380217-2-7
For information about bulk purchases or author events, please contact Brenda@JoyInkPress. For more information, visit JoyInkPress.com

joy ink
PRESS

Description: Toronto, ON: Joy Ink Press, 2023
Audience: Ages 4-8 Grades: JK-3

Summary: Li celebrates the Lunar New Year, but is disappointed when she receives less lucky money than expected. She learns to reflect on the real joy of the celebration.
This book is a work of fiction.

Printed in China.

10 9 8 7 6 5 4 3 2 1

For my favourite people in the world, Randy & Nyomi ♥♥

And to all the children who have yet to see themselves represented in books.

I see you!

Quelques pays qui célèbrent le Nouvel An lunaire

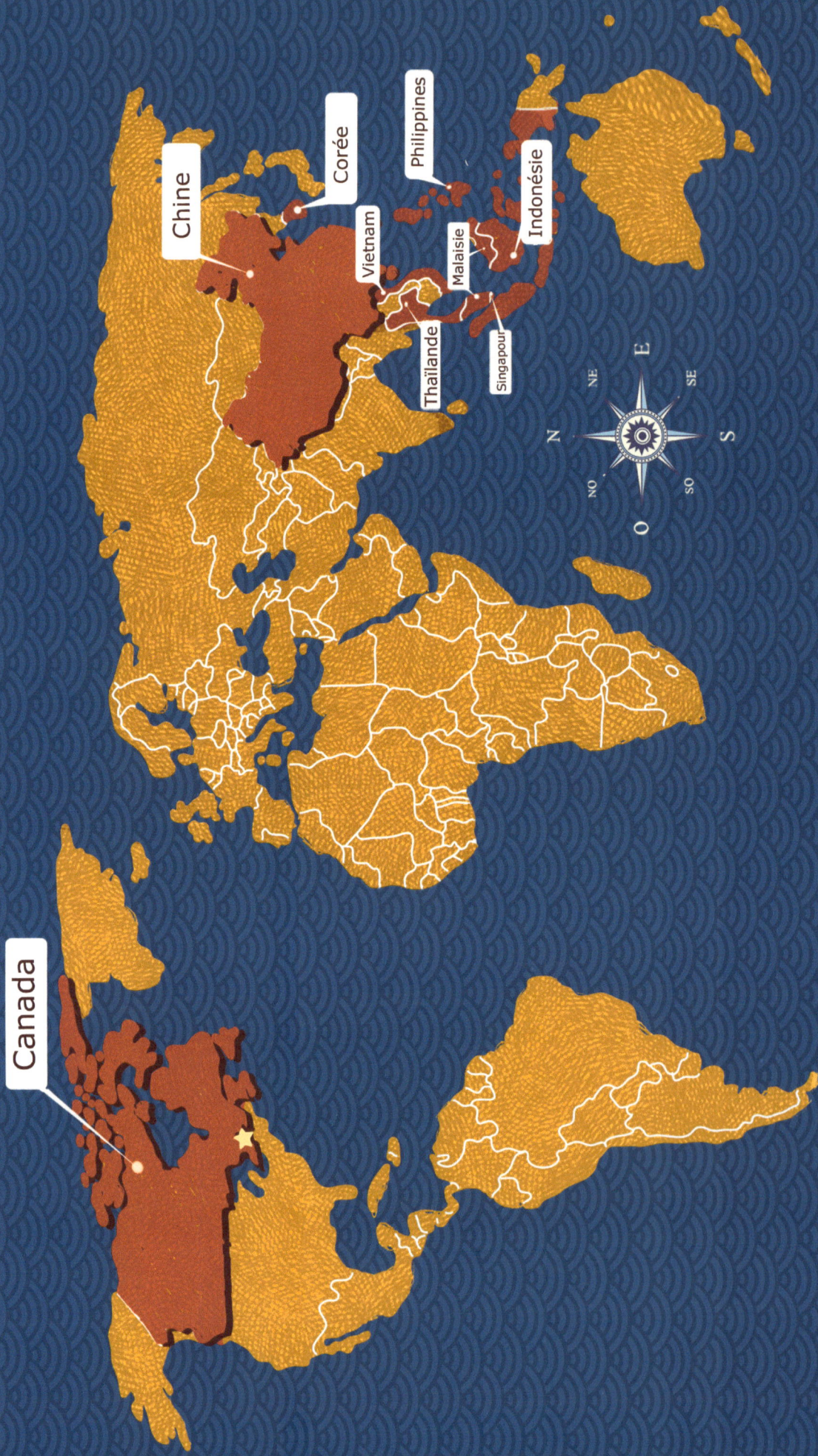

Canada

Chine

Corée

Vietnam

Philippines

Thaïlande

Malaisie

Singapour

Indonésie

En connaissez-vous d'autres?

Vocabulaire Mandarin-Français

Xīn nián kuài lè! - Bonne année!

Gong xǐ fā cái! - Passez une nouvelle année prospère!

Chūn jié - Fête du Printemps

biān pào - pétard

hóng bāo - enveloppe rouge

dēng lóng - lanterne

cháng shān - robe rouge traditionnelle

jiǎo zi - dumpling

wǔ shī - danse du lion

lóng - dragon

- *Xīn nián kuài lè!* dit maman à sa fille, Li.
- *Gōng xǐ fā cái!* dit Li à sa maman.

Li est une petite fille qui vit à Markham, en Ontario. Elle a sept ans et aime beaucoup vivre en banlieue. Sa famille est d'origine chinoise, mais elle habitait au Canada depuis longtemps, bien avant la naissance de Li.

La famille de Li et ses amis ont fêté le Nouvel An la nuit du 31 décembre, mais ils célèbrent aussi le Nouvel An lunaire. Li sait qu'elle n'est pas obligée de célébrer les mêmes fêtes que ses camarades de classe.

Li est excitée. Elle adore voir l'hiver laisser la place au printemps. C'est à ce temps de l'année, que plusieurs personnes originaires de l'Asie célèbrent le Nouvel An lunaire.

Le Nouvel An lunaire est aussi appelé le *Chūn jié*. Cette fête est très importante pour la communauté chinoise.

Pour préparer cet évènement, Li aide sa famille à nettoyer la maison pour se débarrasser des énergies négatives de l'année précédente.

Li enjolive la maison avec des décorations rouges et des symboles de bonheur et de prospérité écrits en chinois.

L'école de Li célèbre également. Li met sa plus belle *cháng shān* pour porter chance. Elle fabrique un *lóng* en papier et une *dēng lóng* rouge et dorée. Elle pratique aussi une danse traditionnelle au son de musique dynamique.

Plus tard dans la journée, Li et sa famille vont au centre civique de Markham pour voir le défilé. Il y a tellement de monde que Li monte sur les épaules de son père pour mieux voir.

En premier, elle regarde la *wǔ shī*, une marionnette géante qui ressemble à un lion. Elle est manipulée par deux personnes de l'intérieur. Une personne contrôle la partie supérieure du corps tandis qu'une autre s'occupe de la partie inférieure.

19

Ensuite, il y a la danse du *lóng*. Une troupe de danseurs fait bouger un *lóng* multicolore géant en tenant chacun un bâton qui soutient une partie du monstre.
Les danses sont magnifiques!
Li entend les tambours qui résonnent et les *biān pàos* qui éclatent.

贺新年

Li est impressionnée par la beauté et l'animation du spectacle.

La journée se termine par un grand repas familial. Chaque aliment est symbolique. Il peut apporter le bonheur, la richesse et la santé à la personne qui le mange.

Li et sa famille partagent des plats traditionnels tels que les *jiǎo zis*, les rouleaux de printemps frits croustillants, le poisson à la vapeur, le poulet entier braisé, les nouilles de longévité, les galettes de riz gluant, et les boulettes de riz sucrées. Quel délice!

25

- *Gōng xǐ fā cái!* dit Li à ses grand-parents, ses parents, sa tante et son oncle.

Les enfants souhaitent une bonne année aux adultes et en échange, ceux-ci leur donnent des *hóng bāos* remplis de monnaie. Li a hâte de faire plusieurs visites pour essayer d'amasser encore plus d'argent.

Cette année, elle n'a pas reçu autant d'argent que l'année passée. Les temps sont difficiles, et les membres de sa famille ont moins à partager.

Même si elle est un peu déçue, elle réalise que la chose la plus importante est de partager cette journée spéciale avec sa famille, ses amis et sa communauté.

Maintenant, elle est prête à commencer une nouvelle année et à découvrir ce que l'année du *lóng* lui réserve.

Extension activities to promote understanding:

1. Look at the map and locate countries that celebrate Lunar New Year.

2. Review the vocabulary at the beginning of the book. Practise pronouncing the words in Mandarin. Wish someone else a Happy New Year!

3. Red is considered a lucky color. Look for red clothing and put together an outfit. If you don't have any, draw something red to put on your shirt.

4. Practise Chinese calligraphy, create a lantern, make a paper dragon, or craft a lucky red envelope.

5. Watch a dragon dance and compare it to the lion dance.

6. Listen to festive Chinese music and choreograph a dance.

7. Search for a recipe and prepare dumplings, a sticky rice cake, or sweet rice balls.

8. Visit a restaurant and enjoy some traditional Chinese food!

Visit *www.joyinkpress.com* for more!

About the author

Brenda Lee is an author, teacher-librarian, and French Immersion teacher with a passion for languages.

Brenda learned the importance of representation as a child, a lesson strengthened during her teaching career and one that guides her as she raises her own little dragon. Her desire to discover stories that reflect families like her own inspired her to create inclusive books that celebrate the beauty and joy of diversity.

Born in Montreal, Brenda resides in Toronto with her husband, daughter, and puppy, Eevie.

Author:
Brenda Lee

About the illustrator

Nhi Luong is a talented digital illustrator based in Hanoi, Vietnam, who specializes in capturing the magical qualities of light and atmosphere in children's stories.

Embracing new challenges and immersing herself in diverse traditions, she creates exceptional illustrations that strive to inspire readers and bridge cultural differences while sparking imaginations and bringing tales to life.

Illustrator: **Nhi Luong**
@Yehi_Illust